Radu-Ioan VIJA
Emil SCARLAT

Dissecação da diferença salarial de género

Imprint
Any brand names and product names mentioned in this book are subject to trademark, brand or patent protection and are trademarks or registered trademarks of their respective holders. The use of brand names, product names, common names, trade names, product descriptions etc. even without a particular marking in this work is in no way to be construed to mean that such names may be regarded as unrestricted in respect of trademark and brand protection legislation and could thus be used by anyone.

Cover image: www.ingimage.com

This book is a translation from the original published under ISBN 978-613-9-57853-5.

Publisher:
Sciencia Scripts
is a trademark of
Dodo Books Indian Ocean Ltd. and OmniScriptum S.R.L Publishing group
Str. Armeneasca 28/1, office 1, Chisinau MD-2012, Republic of Moldova, Europe

ISBN: 978-620-5-39924-8

Radu-Ioan VIJA
Emil SCARLAT

Dissecação da diferença salarial de género

Resultados Quantitativos sobre o Desempenho Empresarial

ScienciaScripts

Abstrato

Business Process Modeling é um dos tópicos clássicos de investigação sobre a análise e medição do desempenho de processos e sub-processos de uma empresa ou instituição.

A intenção desta publicação é apresentar investigação moderna, aplicar métricas quantitativas à modelação clássica de processos empresariais, e destacar a correlação entre factores relacionados que anteriormente só eram analisados individualmente.

O estudo está centrado em descobrir e demonstrar o impacto que a discriminação salarial tem no desempenho global dos processos e sub-processos empresariais.

O tema das disparidades salariais entre homens e mulheres é hoje em dia um fenómeno generalizado e cada vez mais leis têm sido adaptadas para diminuir estas disparidades. O método original de decomposição de Oaxaca e Blinder (1973) foi inicialmente utilizado nos Estados Unidos da América para analisar o fosso salarial racial entre os brancos, negros e asiáticos. Desde então, o modelo foi distribuído em muitas empresas a fim de estudar o fosso salarial entre os trabalhadores

Os estudos da Workforce Analytics são um tema muito popular nos estudos de investigação modernos. As organizações estão interessadas em saber como melhorar a satisfação dos empregados e como melhorar a imagem da organização.

A base do estudo de investigação é apresentar a correlação do empregado com as equações de optimização do processo. Utilizando os resultados da investigação sobre modelação de processos empresariais, as organizações podem agora confiar em medições quantitativas para aplicar princípios operacionais mais eficazes e, como resultado, aumentar o desempenho global. O estudo pode ser amplamente aplicado a vários tipos de organizações, empresas ou instituições.

O estudo, centrado em torno do trabalhador individual correlacionado com uma mão-de-obra de auditoria detalhada e optimização de processos empresariais, introduz uma perspectiva original à investigação de modelação de processos empresariais. Demonstra que a satisfação do trabalhador está directamente correlacionada com o desempenho global de uma empresa. A gestão de dados, análises e metodologias inovadoras são ferramentas essenciais que fornecem provas quantificáveis no estudo. Como conclusão geral, o equilíbrio das disparidades salariais entre homens e mulheres e a satisfação individual são factores importantes para aumentar o desempenho das organizações.

Palavras-chave:

- Modelação
- Oaxaca-Blinder
- Análise da força de trabalho
- Metodologias
- Processos
- Subprocessos
- Desempenho
- Equilíbrio Salarial
- Disparidade salarial entre géneros

Agradecimentos

Em primeiro lugar, gostaria de agradecer ao meu professor coordenador de doutoramento. Doutoramento. Emil SCARLAT pelo seu apoio académico e paciência durante todos os meus estudos de doutoramento.

Quero também agradecer a toda a comissão de investigação pela sua disponibilidade durante os meus estudos de doutoramento, bem como a todos os académicos que acreditaram em mim e me encorajaram constantemente durante o meu período de investigação.

Gostaria de agradecer à minha colega Catalina ZAMFIR pela sua colaboração nos trabalhos científicos escritos ao longo dos últimos 3 anos, pela sua motivação e pelo interesse demonstrado na nossa colaboração académica.

Pelo estudo de investigação sobre a discriminação das disparidades salariais entre homens e mulheres, quero expressar os meus agradecimentos ao Professor Doutor. Charles BOUVEYRON e ao Professor Doutor. Solohaja-Faniaha DIMBY da Universidade Paris 1 Pantheon-Sorbonne, pelas suas desafiantes tarefas de trabalho e pela ajuda que prestaram no modelo econométrico que criei.

Pela oportunidade de poder dar aulas de Big Data & Analytics na Universidade Cergy de Paris, gostaria de agradecer ao meu professor de mestrado, PhD. Richard Eudes. Agradeço-lhe também a ajuda profissional e académica que me permitiu ser activo na minha investigação. Agradeço-lhe por me ter oferecido um modelo pessoal a seguir, académica e profissionalmente.

Por último mas não menos importante, quero agradecer às pessoas próximas que me ajudaram constantemente a terminar o meu trabalho de doutoramento, ao meu companheiro de vida, aos meus pais, ao meu primo, e a todos os amigos que me encorajaram a cada momento.

Radu-Ioan VIJA

Conteúdos

CAPÍTULO 1

1. INTRODUÇÃO

1.1. ANÁLISE GERAL

Business Process Modeling é um dos tópicos clássicos de investigação sobre a análise e medição do desempenho de processos e sub-processos de uma empresa ou instituição.

A investigação concluída para esta dissertação esboça quatro factores que sustentam a importância deste tópico de investigação. A correlação destes quatro factores tem um grande impacto na vida quotidiana de uma empresa ou instituição. O estudo centra-se fortemente na desigualdade salarial entre géneros e nos métodos para a sua resolução com sucesso, que incluem metodologias analíticas da força de trabalho.

A intenção desta publicação é apresentar investigação moderna, aplicar métricas quantitativas à modelação clássica de processos empresariais, e destacar a correlação entre factores relacionados que anteriormente só eram analisados individualmente.

Os principais objectivos deste capítulo incluem:

- Detalhamento do mapeamento e fluxo de trabalho dos processos económicos para compreender e analisar os impactos positivos sobre uma organização
- Explicar como abordar os processos empresariais de forma diferente dos modelos funcionais tradicionais
- delineando uma rede complexa de sub-processos empresariais, cada um com um papel independente no aumento do desempenho de uma organização
- Cálculo e interpretação de métricas-chave e indicadores-chave de desempenho dos processos empresariais

1.2. ANTECEDENTES DO ESTUDO

O interesse em fazer uma correlação entre a discriminação salarial baseada no género e os processos empresariais começou já em 2012 durante um estágio de estudos estatísticos. O estudo foi concluído utilizando o método Oaxaca-Blinder.

As fases de construção do estudo incluíram:

1.2.1. construção da base de dados dos empregados composta pela sede e filiais da empresa.

1.2.2. reconciliando várias bases de dados internas de recursos humanos, bem como introduzindo manualmente certas variáveis após uma análise aprofundada do ficheiro de cada empregado.

1.2.3. realizar uma limpeza da base de dados, removendo variáveis não

significativas e valores aberrantes;

1.2.4. executar o algoritmo utilizando o programa R Studio e obter os resultados;

1.2.5. interpretando os resultados e o seu significado para uso do departamento de recursos humanos.

1.2.6. Problema de investigação

O que o estudo demonstra é a forte correlação entre o empregado real, o principal protagonista deste estudo, e a optimização dos processos empresariais em que ele está envolvido. Neste estudo, a correlação é demonstrada numericamente e este impacto é traduzido em valor para a organização.

1.2.7. Questão e objectivo da investigação

O estudo está centrado em descobrir e demonstrar o impacto que a discriminação salarial tem no desempenho global dos processos e sub-processos empresariais.

Como é que o indicador de satisfação profissional do empregador é susceptível de ser um elemento-chave para melhorar o desempenho dos processos empresariais?

Esta questão leva-nos ao objectivo principal do estudo, nomeadamente medir o aumento do desempenho global de uma organização através da correlação de novos modelos de estudos econométricos e analíticos, e assim aplicar um novo método de investigação na modelação de negócios.

1.2.8. Âmbito do estudo

O âmbito do estudo consiste em encontrar resultados numéricos precisos para medir o impacto do desempenho dos processos empresariais com base em cada um dos seguintes elementos: discriminação salarial entre géneros e análise da mão-de-obra.

1.2.9. Significado do Estudo

A base do estudo de investigação é apresentar a correlação do empregado com as equações de optimização do processo. Utilizando os resultados da investigação sobre modelação de processos empresariais, as organizações podem agora confiar em medições quantitativas para aplicar princípios operacionais mais eficazes e, como resultado, aumentar o desempenho global. O estudo pode ser amplamente aplicado a vários tipos de organizações, empresas ou instituições.

1.2.10. Métodos e Análises de Investigação

A análise de agrupamento e a regressão logística condicional criam a base do algoritmo R utilizado no método Oaxaca Blinder para indicar a presença de discriminação salarial com base num conjunto de variáveis pré-determinadas.

1.2.11. Principais áreas de contribuição

Utilizando métodos estatísticos, o estudo apresenta uma ligação recentemente descoberta entre a satisfação de um empregado e o desempenho do processo empresarial de uma empresa. As conclusões podem ser aplicadas a múltiplos tipos de entidades operacionais, privadas e públicas.

1.2.12. Limitações do Estudo

Uma dificuldade que foi encontrada durante o estudo incluiu uma potencial falta de sincronização entre o período de tempo de emprego de um trabalhador e o modelo de processo empresarial correspondente. Em circunstâncias ideais, haveria uma sobreposição completa entre o emprego de um trabalhador com uma empresa e o modelo dessa empresa, no entanto, esse aspecto poderia flutuar. É necessário um estudo de investigação adicional para demonstrar como a velocidade de rotação dos trabalhadores de uma empresa/instituição pode ser calibrada com o tempo necessário para reformatar e optimizar um processo de negócio.

CAPÍTULO 2

2. REVISÃO BIBLIOGRÁFICA

2.1. VISÃO GERAL DA METODOLOGIA DO OAXACA-BLINDER

"O tema das disparidades salariais entre homens e mulheres é hoje em dia um fenómeno generalizado e cada vez mais leis têm sido adaptadas para diminuir estas disparidades. O método original de decomposição de Oaxaca e Blinder (1973) foi inicialmente utilizado nos Estados Unidos da América para analisar o fosso salarial racial entre os brancos, negros e asiáticos.

Desde então, o modelo foi distribuído em muitas empresas a fim de estudar o fosso salarial entre os trabalhadores (como por exemplo: Farkas e Vicknair, 1996; Thomas A. DiPrete, 2013; Yun, Myeong-Su. 2006; Stearns et al., 2007; Berends e Penaloza, 2008, David P. Barashet al: 1997; Duncan :1969, Altonji : 1999, Althauser :1972), contudo, este modelo foi utilizado principalmente para decifrar pontos de dados relacionados com a distribuição dos ganhos dos empregados e não ligados a potenciais impactos no desempenho geral da organização".[1]

Os resultados do estudo realizado produzem uma forte correlação entre o empregado individual e o desempenho das empresas.

2.1.1. Revisão Geral da Auditoria Analítica da Força de Trabalho

Os estudos da Workforce Analytics são um tema muito popular nos estudos de investigação modernos. As organizações estão interessadas em saber como melhorar a satisfação dos empregados e como melhorar a imagem da organização.

Vários estudos correlacionam os resultados da análise da mão-de-obra com o desempenho global das organizações (como Bersin por Deloitte Talent Analytics Maturity Model, 2014; Kogan 2016; Marshall Goldsmith 2009).

Até hoje, porém, não existia uma análise concreta de como as avaliações numéricas dos estudos de disparidades salariais entre os sexos utilizando a modelização Oaxaca-Blinder tinham impacto nos processos empresariais. Portanto, o estudo conduzido introduz uma nova perspectiva na modelação de processos empresariais que pode abrir caminho a análises adicionais no futuro.

CAPÍTULO 3

3. METODOLOGIA E PLANO DE INVESTIGAÇÃO

3.1. VISÃO GERAL DA CONCEPÇÃO QUANTITATIVA DA INVESTIGAÇÃO

Como Bersin (por Deloitte Talent Analytics Maturity Model, 2014) apresenta na literatura, o desenho da pesquisa detalha as tendências analíticas da mão-de-obra:

- O Centro de Excelência para a análise da mão-de-obra torna-se a norma:
  - Empresas e instituições integram e centralizam a medição e análise da força de trabalho, planeamento da força de trabalho e modelação preditiva i. Objectivo: obter métodos consistentes e aplicação de práticas analíticas da força de trabalho em toda a organização
- Análise Predictiva:
  - Utilizado para prever cenários futuros
    i. Objectivo: permitir que as organizações de RH tomem decisões empresariais estratégicas através da utilização de dados
- Confiança na informação de RH e não-RH para permitir a tomada de decisões estratégicas e tácticas:
  - Fornecer aos líderes ferramentas e conhecimentos para melhorar a tomada de decisões empresariais através da análise de dados de ambas as funções, de RH e não-RH
    i. Objectivo: permitir que as organizações de RH se concentrem nos profissionais de negócios e tenham um impacto directo nos resultados

3.1.1 O modelo[2]

"O Cego de Oaxaca é descrito como se segue:

$$Y = \alpha + \beta X + \varepsilon, \pounds \in \{A,B\} \qquad (*)$$

Com $E(\varepsilon) = 0$ for $\pounds \in \{A,B\}$.

O objectivo é explicar a seguinte equação de diferença $\Delta = \bar{Y}_A - \bar{Y}_B$

Para tal, (Blinder 1973) e (Oaxaca, 1973) propuseram a próxima decomposição da nossa diferença Δ :

$$\Delta = \bar{Y}_A - \bar{Y}_B^{\ *} + \bar{Y}_B^{\ *} - \bar{Y}_B$$

onde: $\bar{Y}_B^* = \alpha_A + \beta_A \bar{X}_B$ corresponde a um modelo contraditório (em substituição de YB
do nosso modelo para a população A).

Assim:

$$\Delta = \beta_A(\bar{X}_A - \bar{X}_B) + (\alpha_A - \alpha_B) + (\beta_A - \beta_B)\bar{X}_B$$

onde :
- $\delta_1 = \beta_A(\bar{X}_A - \bar{X}_B)$ apresenta a diferença explicável por factores normais do população
- $\delta_2 = (\alpha_A - \alpha_B) + (\beta_A - \beta_B)\bar{X}_B$ apresenta o impacto do não-explicável coeficientes".[3]

3.1.2. Extensão diferente do modelo[3]

A decomposição do modelo é apresentada na fórmula abaixo:

$$\Delta = (\bar{X}_A - \bar{X}_B)[D\beta_A + (I - D)\beta_B] + (\beta_A - \beta_B)[(I - D)\bar{X}_A - D\bar{X}_B]$$

onde β é o vector incluindo os interceptores juntamente com os outros regressores

X representa o conjunto de co-variáveis

D e eu representamos a matriz de peso e a matriz de identidade, respectivamente.

Diferentes cenários:

- Se D=0, então podemos encontrar a equação (*) para a população B;
- se D=1, então podemos encontrar a equação (*) para a população A;
- se diag(D) = 0,5 (Reimers, 1983)
- se diag(D) = nA/n (Cotoon, 1983)

3.1.3. Apresentação da empresa, População e Amostra do Estudo

A empresa escolhida como modelo para realizar os objectivos do tema de investigação é uma empresa de média dimensão que desenvolve os seus negócios na União Europeia. As principais linhas de negócio de consultoria para esta empresa são a gestão de sistemas de informação e a auditoria analítica da mão-de-obra.

A base de dados original da empresa é composta por 3617 empregados, de todas as idades e departamentos. As variáveis que foram utilizadas no estudo econométrico são:

- Ano de nascimento

- Antiguidade
- Diversidade
- Recrutamento e promoções
- Attrition
- Nacionalidade
- Formação
- Taxa de risco de retenção
- Dias de licença de maternidade
- Prontidão para mover-se
- Número de anos universitários
- Plano de sucessão
- Número de dias de folga para férias
- Mobilidade
- Tipo de contrato de trabalho
- Evolução do compromisso
- Dias de doença ou pessoais utilizados
- Condutores de satisfação
- Demográficos
- Saúde e segurança
- Género
- Número de pessoas geridas na empresa

3.1.4. Software utilizado

O software R Studio tem sido utilizado para transformar o método de decomposição Oaxaca-Blinder. As imagens abaixo mostram a parte principal do código e os resultados obtidos:

Figura 3.1 Código principal do Blinder de Oaxaca utilizando o R Studio[4]

```
X = c(Xh, Xf)
Y = c(Yh, Yf)
Sexe = c(rep("H", nh), rep("F", nf))
# MCO sur les 2 mod<U+00E8>les
Mh = lm(Y ~ X, subset = which(Sexe == "H"))
Mf = lm(Y ~ X, subset = which(Sexe == "F"))
res = oaxaca(Mh, Mf)
print(res)

##
## Blinder-Oaxaca decomposition
##
## Call:
## oaxaca.default(m1 = Mh, m2 = Mf)
##
##       Difference StdErr z-value Pr(>|z|)
## Mean       1.365  0.141   9.677        0
##
## Linear decomposition:
```

```
##
## Weight:  W = 1 (Oaxaca, 1973)
##                Difference StdErr z-value Pr(>|z|)
## Explained           1.445  0.150   9.602    0.000
## Unexplained        -0.080  0.056  -1.412    0.158
##
## Weight:  W = 0 (Blinder, 1973)
##                Difference StdErr z-value Pr(>|z|)
## Explained           1.360  0.139   9.784     0.00
## Unexplained         0.005  0.047   0.112     0.91
##
## Weight:  W = 0.5 (Reimers 1983)
##                Difference StdErr z-value Pr(>|z|)
## Explained           1.403  0.142   9.902    0.000
## Unexplained        -0.037  0.042  -0.888    0.375
##
## Weight:  W = Omega (Neumark 1988)
##                Difference StdErr z-value Pr(>|z|)
## Explained           1.381  0.138   10.02    0.000
## Unexplained        -0.016  0.021   -0.77    0.441
```

Fonte: R saída

Os resultados foram obtidos para um teste de 100 amostras individuais

O teste Z (0,00 < 0,05) revela que a diferença Explicada (não-discriminativa) é significativa. Este cenário do estudo de caso demonstra um modelo discriminativo. A quantidade exacta de discriminação, bem como a interpretação dos resultados conclusivos, serão detalhadas na parte das conclusões, o último capítulo desta publicação.

3.1.5. Análise de dados

A análise é realizada sobre as diferentes características dos empregados no estudo das disparidades salariais entre géneros. A análise de dados combina melhorias do processo empresarial com a auditoria analítica da força de trabalho.

A partir de um contexto gráfico, o estudo demonstra as populações com e sem discriminação.

Figura 3.2 População com discriminação[5]

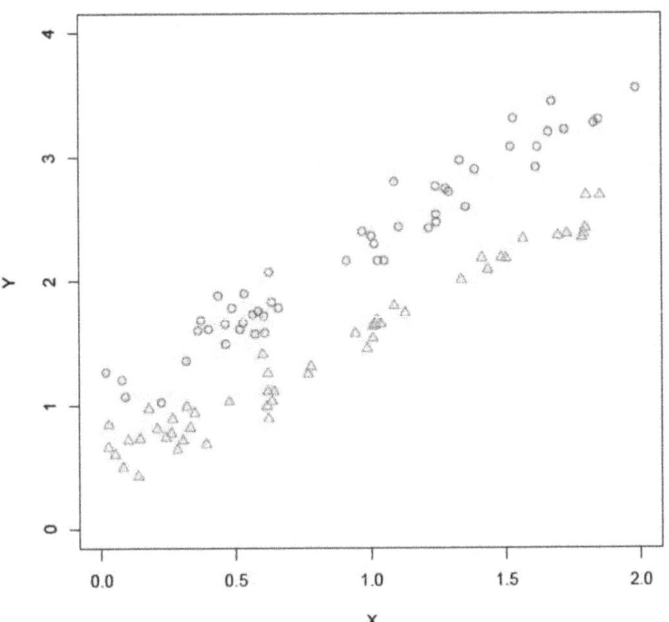

Fonte: R Estudo sobre as disparidades salariais entre homens e mulheres no rendimento

Os resultados foram obtidos para um teste de 100 amostras individuais;

pontos vermelhos: salários dos homens; triângulos verdes: salários das mulheres;

Pelo gráfico, existe uma diferença salarial visível entre homens e mulheres que será demonstrada numericamente nas próximas secções do estudo.

A diferença visual entre as duas populações é devida a factores discriminatórios. A decomposição e os resultados do Blinder Oaxaca são mostrados abaixo:

Figura 3.3 Decomposição e resultados para populações com discriminação usando o R Studio

```
X = c(Xh, Xf)
Y = c(Yh, Yf)
Sexe = c(rep("H", nh), rep("F", nf))
# MCO sur les 2 mod<U+00E8>les
Mh = lm(Y ~ X, subset = which(Sexe == "H"))
Mf = lm(Y ~ X, subset = which(Sexe == "F"))
res = oaxaca(Mh, Mf)
print(res)

##
## Blinder-Oaxaca decomposition
##
## Call:
## oaxaca.default(m1 = Mh, m2 = Mf)
##
##       Difference StdErr z-value Pr(>|z|)
## Mean       0.846  0.135   6.252        0
##
## Linear decomposition:
```

```
##
## Weight:  W = 1 (Oaxaca, 1973)
##              Difference StdErr z-value Pr(>|z|)
## Explained         0.164  0.143   1.148    0.251
## Unexplained       0.683  0.033  20.661    0.000
##
## Weight:  W = 0 (Blinder, 1973)
##              Difference StdErr z-value Pr(>|z|)
## Explained         0.141  0.123   1.148    0.251
## Unexplained       0.705  0.032  21.896    0.000
##
## Weight:  W = 0.5 (Reimers 1983)
##              Difference StdErr z-value Pr(>|z|)
## Explained         0.153  0.133   1.149    0.251
## Unexplained       0.694  0.031  22.527    0.000
##
## Weight:  W = Omega (Neumark 1988)
##              Difference StdErr z-value Pr(>|z|)
## Explained         0.161  0.140   1.149    0.251
## Unexplained       0.686  0.031  21.798    0.000
```

Fonte: R saída

Os resultados foram obtidos para um teste de 100 amostras individuais

O teste Z (0,00 < 0,05) mostra que a diferença **inexplicada** (discriminatória) é significativa de um ponto de vista estatístico.

Neste segundo cenário de caso, o estudo visa demonstrar a decomposição do método Blinder Oaxaca em partes discriminatórias e não discriminatórias. Demonstra também a decomposição posterior da parte não discriminatória.

Figura 3.4 Decomposição e resultados para população simulada sem discriminação

```
set.seed(1234)
source("Oaxaca.R")
# Simulation de donnees avec discrimination
nh = nf = 50
Xh = runif(nh, 1, 3)
Xf = runif(nf, 0, 2)
Yh = 1 + 1.3 * Xh + rnorm(nh, 0, 0.15)
Yf = 1.2 + 1.2 * Xf + rnorm(nh, 0, 0.15)
plot(Xh, Yh, col = 2, xlim = c(0, 3), ylim = c(0, 5), xlab = "X", ylab = "Y",
    main = "Populations sans discrimination")
points(Xf, Yf, col = 3, pch = 2)
```

Fonte: R saída

Os resultados foram obtidos para uma amostra de 100 indivíduos t

A decomposição e os resultados do Blinder Oaxaca são mostrados abaixo:

Figura 3.5 Decomposição e resultados para populações sem discriminação usando R Studio

```
X = c(Xh, Xf)
Y = c(Yh, Yf)
Sexe = c(rep("H", nh), rep("F", nf))
# MCO sur les 2 mod<U+00E8>les
Mh = lm(Y ~ X, subset = which(Sexe == "H"))
Mf = lm(Y ~ X, subset = which(Sexe == "F"))
res = oaxaca(Mh, Mf)
print(res)

##
## Blinder-Oaxaca decomposition
##
## Call:
## oaxaca.default(m1 = Mh, m2 = Mf)
##
##       Difference StdErr z-value Pr(>|z|)
## Mean       1.365  0.141   9.677        0
##
## Linear decomposition:
```

```
##
## Weight:  W = 1 (Oaxaca, 1973)
##             Difference StdErr z-value Pr(>|z|)
## Explained        1.445  0.150   9.602    0.000
## Unexplained     -0.080  0.056  -1.412    0.158
##
## Weight:  W = 0 (Blinder, 1973)
##             Difference StdErr z-value Pr(>|z|)
## Explained        1.360  0.139   9.784     0.00
## Unexplained      0.005  0.047   0.112     0.91
##
## Weight:  W = 0.5 (Reimers 1983)
##             Difference StdErr z-value Pr(>|z|)
## Explained        1.403  0.142   9.902    0.000
## Unexplained     -0.037  0.042  -0.888    0.375
##
## Weight:  W = Omega (Neumark 1988)
##             Difference StdErr z-value Pr(>|z|)
## Explained        1.381  0.138   10.02    0.000
## Unexplained     -0.016  0.021   -0.77    0.441
```

O teste Z (0,00 < 0,05) mostra que a diferença **Explicada** (não discriminatória) é significativa de um ponto de vista estatístico.

Os resultados finais do estudo de discriminação sobre a amostra oficial de 3617 empregados, bem como a interpretação destes resultados, serão detalhados na parte das conclusões

CAPÍTULO 4

4. DISCRIMINAÇÃO SALARIAL EM FUNÇÃO DO GÉNERO E AUDITORIA ANALÍTICA DA MÃO-DE-OBRA

4.1. ANÁLISE GERAL

A redução da diferença salarial entre os sexos é um dos métodos mais importantes para melhorar o desempenho dos processos. A publicação tem os seguintes objectivos:

- Fornecer uma visão geral do capital humano para as empresas
- Explicar o conceito de análise da mão-de-obra e a sua importância na construção do futuro das organizações
- Para discutir os resultados iniciais obtidos a partir da análise
- Recolher ideias e feedback para criar um modelo analítico eficaz da força de trabalho

Como Bersin (pela Deloitte Talent Analytics Maturity Model, 2014) anuncia na sua investigação, apenas 14% das organizações de RH inquiridas utilizam hoje análises avançadas ou preditivas. Os outros 86% ainda estão concentrados na criação de relatórios e dashboards de métricas de talentos. No que diz respeito à melhoria do desempenho dos processos empresariais, as perguntas comuns de análise de mão-de-obra das organizações são as seguintes:

1. Que valor podemos obter da análise de talentos?
2. Em que fase nos encontramos actualmente do ponto de vista do desempenho dos processos empresariais e onde devemos concentrar os nossos esforços a seguir?
3. Quais são os conjuntos de competências e ferramentas necessárias?
4. Como construímos uma estrutura analítica avançada para a organização?

Para desenvolver uma função analítica de classe mundial, as organizações devem pôr em prática programas e sistemas adequados de gestão de dados.

4.1.1. Abordagem e Actividades

A abordagem seguinte foi concebida neste estudo para analisar eficazmente a relação entre os KPIs dos recursos humanos da empresa e as métricas de desempenho dos processos empresariais:

- Passo 1: Desenvolvimento de Hipóteses
  - Confirmar a compreensão da estratégia empresarial

- Análise de KPI de Recursos Humanos
- Análise métrica do desempenho empresarial
- Hipótese de Desenvolvimento da Linha de Base

- Passo 2: Desenvolvimento do Modelo de Análise da Força de Trabalho
    - Desenvolver Modelo para cada Hipótese
    - Validar os modelos
    - Gerar resultados e análises

- Passo 3: Conclusões actuais
    - Visualização dos resultados do desenvolvimento
    - Resumir os resultados
    - Desenvolver os Próximos Passos

4.1.2. Descrição dos níveis analíticos

O nível de análise que as empresas adoptam pode ser tornado aparente através de uma auditoria analítica da mão-de-obra. Estes níveis representam a maturidade de uma empresa no que diz respeito ao nível de proficiência analítica.

Uma representação gráfica das principais características de cada nível é mostrada na figura seguinte.

Figura 4.1: Representação gráfica de nível analítico

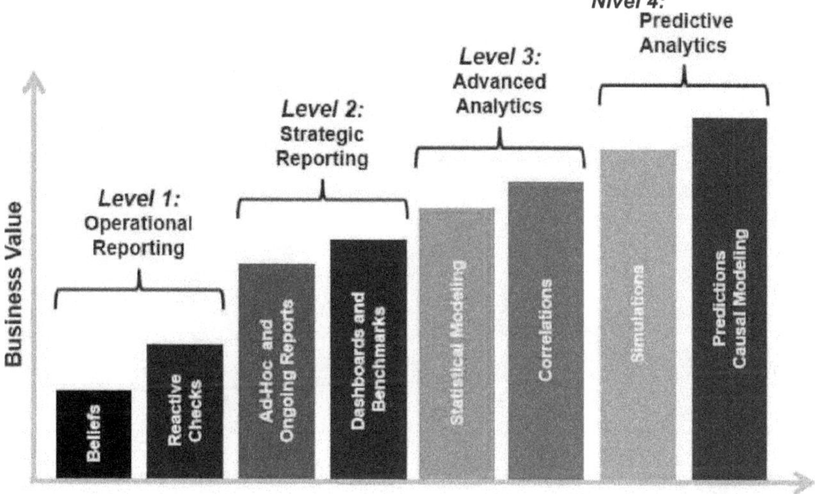

Fonte: Bersin (por Deloitte Talent Analytics Maturity) apresentação do modelo

Como Bersin (por Deloitte Talent Analytics Maturity Model, 2014) anuncia na literatura:

- 56% das empresas/instituições estão situadas no Nível 1 (Relatório de Operações)
- 30% das empresas/instituições estão situadas no Nível 2 (Relatórios Estratégicos)
- 10% das empresas/instituições estão situadas no nível 3 (Advanced Analytics)
- Apenas 4% das empresas/instituições estão situadas no Nível 4 (Predictive Analytics)

1.1.1.1. Nível 1 Detalhes e Análise: Relatórios operacionais

As características que descrevem o primeiro nível de análise da mão-de-obra incluem:

- Sub-processos como o recrutamento, a formação e o envolvimento não têm um impacto individual medido no desempenho global da empresa
- Falta de monitorização contínua
- Nenhum armazém de dados de empresa independente
- Relatórios clássicos

- Dados não-uniformes em toda a organização

Figura 4.2: Relatórios operacionais de análise de mão-de-obra de nível 1, Exemplo 1

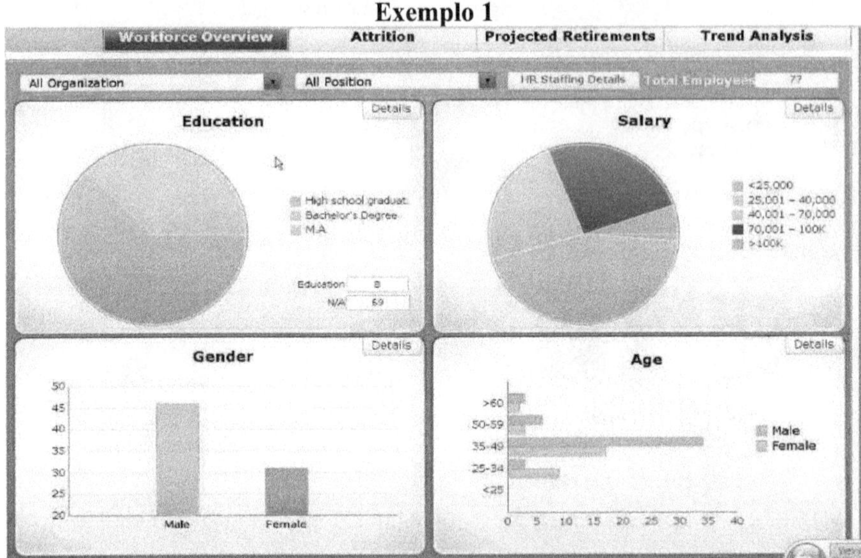

Relatórios de estatística descritiva básica para a educação, idade, salário e distribuição de género
na empresa para um departamento amostrado (tipicamente utilizado por Gestores de Empresas)

Fonte: Talend Software

Figura 4.3: Relatórios operacionais de nível 1 de análise da mão-de-obra, Exemplo 2

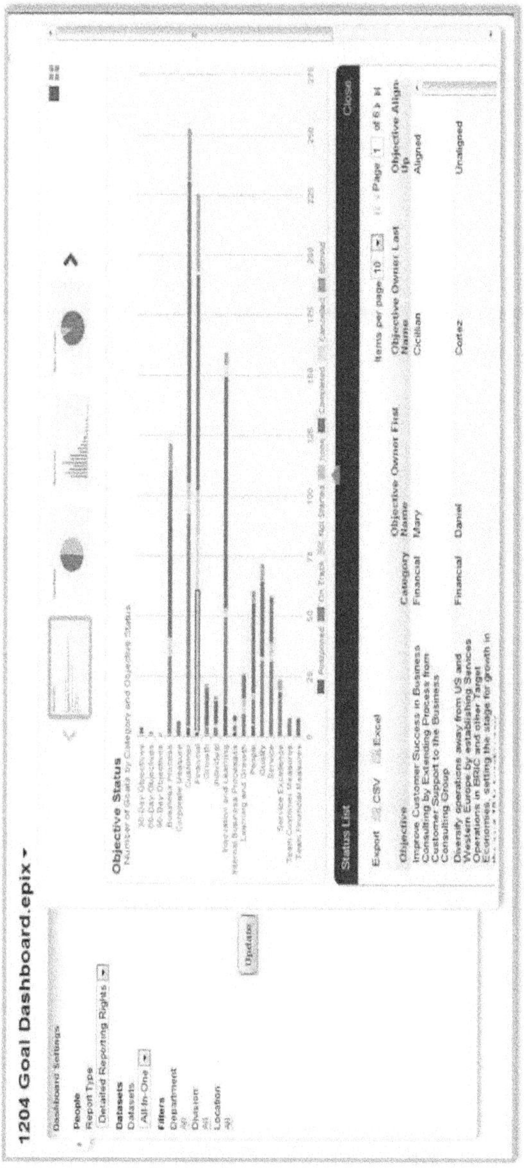

Relatório gráfico de histograma objectivo num painel geral detalhando cada empregado (tipicamente utilizado pelos Gestores de Empresas)

Fonte: Talend Software

1.1.1.2. Nível 2 Detalhes e Análise: Relatórios estratégicos

As características que descrevem o segundo nível de análise da mão-de-obra incluem:

- Ferramentas avançadas de painel de instrumentos
- Controlos unitários e cruzados de dados
- Relatórios cruzados uniformes na empresa/instituição
- Alertas personalizados e boletins informativos em função do perfil do funcionário

Figura 4.4: Tendências analisadas para um subconjunto de variáveis de empregados, Exemplo 3

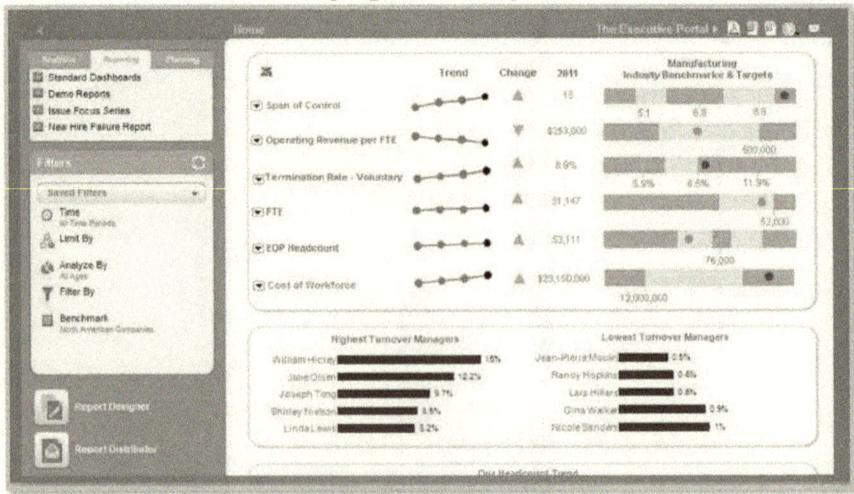

Relatório de tendências e taxas de rotatividade para empregados (tipicamente utilizado pelos Recursos Humanos
Gestores)

Fonte: Talend Software

Figura 4.5: Ferramentas avançadas de painel de instrumentos para o nível 2 de análise da força de trabalho, Exemplo 4

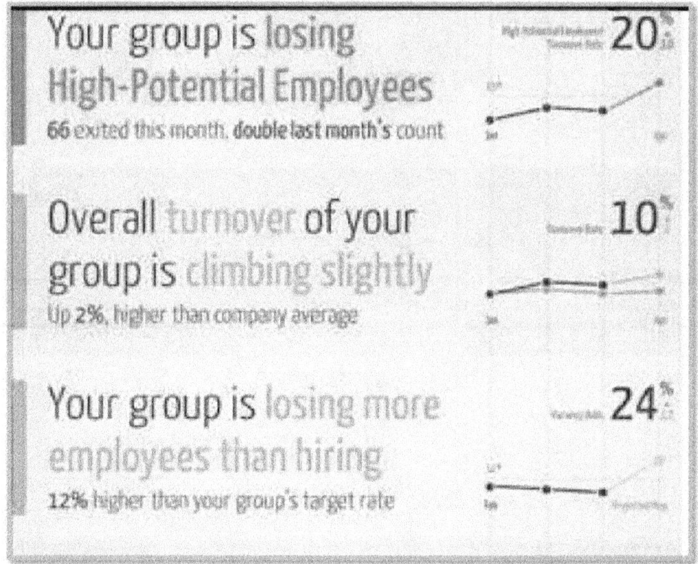

(tipicamente utilizado pelos Directores de Recursos Humanos)

Fonte: Talend Software

1.1.1.3. Nível 3 Detalhes e Análise: Análises avançadas

As características que descrevem o terceiro nível de análise da mão-de-obra incluem:

- Acompanhamento do histórico dos Recursos Humanos
- Previsões por departamentos e equipas
- Painéis adaptáveis de Business Intelligence
- Previsão de desempenho com base em dados históricos

Figura 4.6: Indicadores de desempenho para recrutadores para o nível 3, Exemplo 1

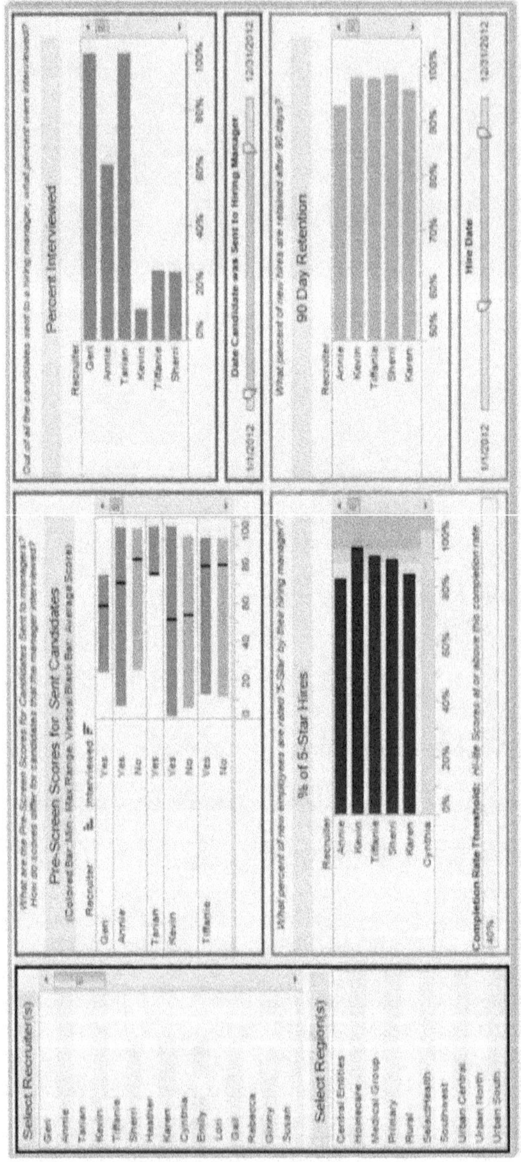

Taxas de entrevistas e relatório de progresso de recrutamento (tipicamente utilizado pelos Gestores de Recursos Humanos)

Fonte: Talend Software

Figura 4.7: Calendário previsto de ocupação de postos de trabalho para o nível 3, Exemplo 2

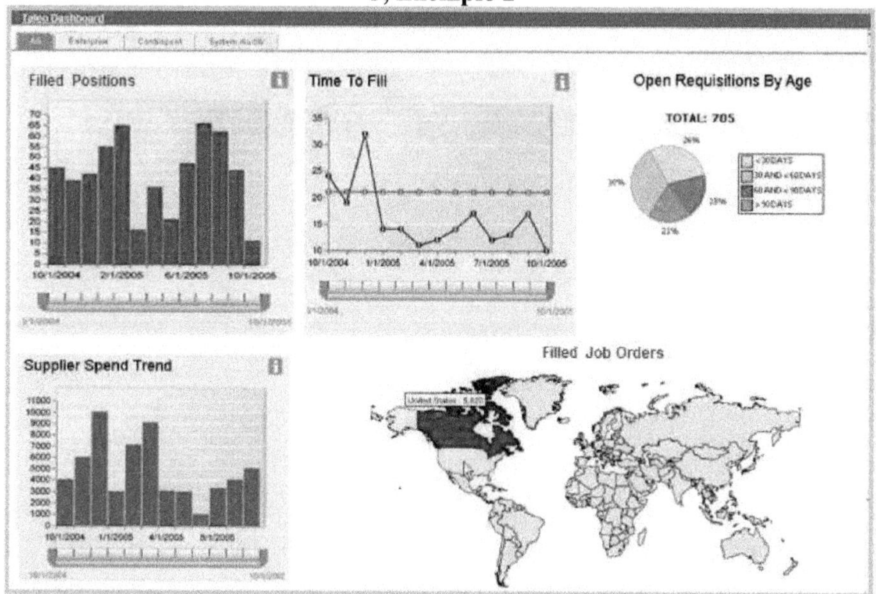

Relatório de taxas de emprego preenchidas para a visão geográfica internacional dos funcionários (tipicamente utilizado pelos Directores de Recursos Humanos)

Fonte: Talend Software

1.1.1.4. Nível 4 Detalhes e Análise: Análise Predictiva

As características que descrevem o quarto nível de análise da mão-de-obra incluem:

- Ferramentas analíticas avançadas e de aprendizagem de máquinas de recursos humanos
- Indicadores analíticos estratégicos para a tomada de decisões
- Relatórios empresariais de impacto avançado para a organização
- Indicadores avançados de previsão directamente correlacionados com o desempenho global da organização

Figura 4.8: Análise estratégica da força de trabalho para a tomada de decisões de nível 4, Exemplo 1

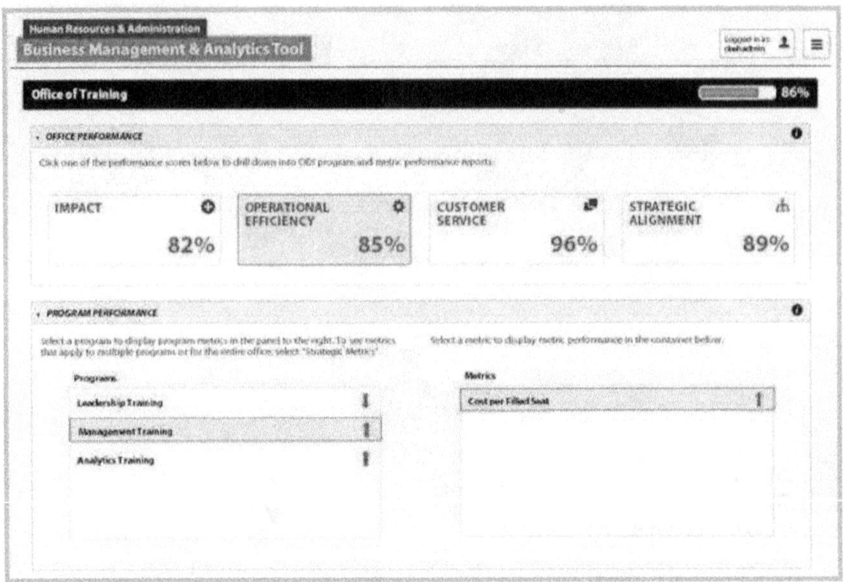

Relatórios construídos para adaptar e optimizar processos (tipicamente utilizados pelos directores de RH)
Fonte: Talend Software

Figura 4.9: Acompanhamento do desempenho métrico global para o nível 4, Exemplo 2

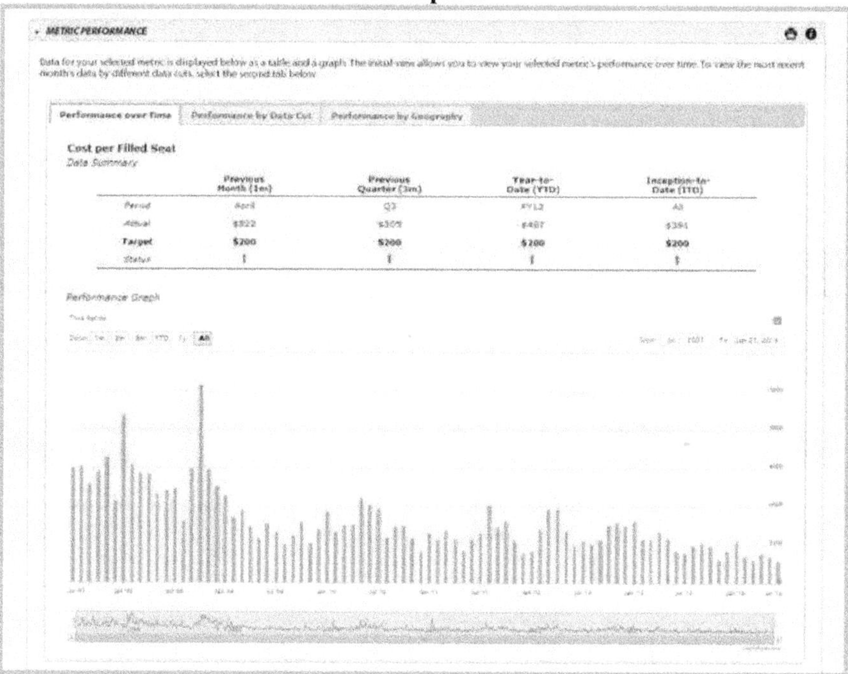

Fonte: Talend Software

4.1.3. Nível de proficiência analítica para a organização

Com base numa análise aprofundada e num processo detalhado de digitalização da mão-de-obra da empresa, o nível de proficiência analítica é determinado e visualmente apresentado na figura seguinte:

Figura 4.10: Posição a nível da empresa

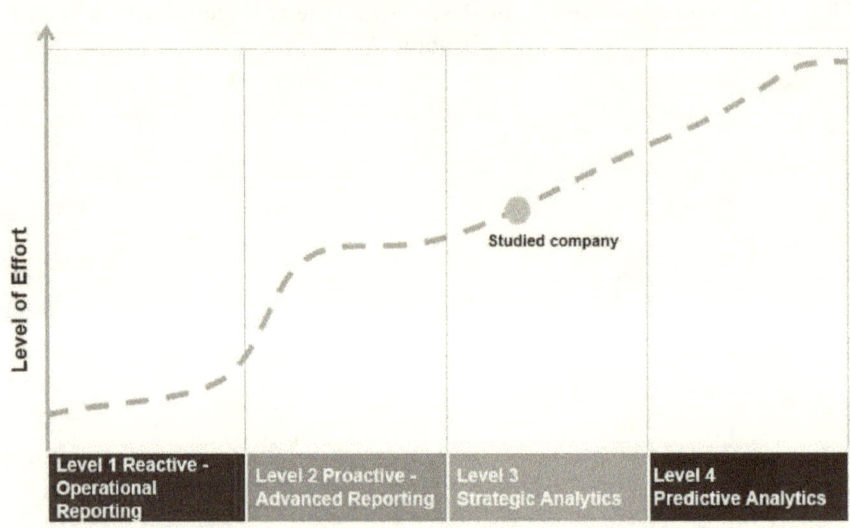

Fonte: Bersin (por Deloitte Talent Analytics Maturity) apresentação do modelo

As conclusões e recomendações sobre como atingir o nível 4, o nível de análise preditiva, são explicadas no capítulo de resultados do estudo.

4.1.4. Resultados

Ao aplicar o algoritmo da diferença salarial entre géneros utilizando o método Blinder-Oaxaca, os resultados devem apresentar o seguinte:

1) explicar se a diferença salarial é discriminante

2) medir o peso de cada variável no caso de uma análise discriminante

Figura 4.11: Caso discriminatório de desigualdade salarial média entre mulheres e homens

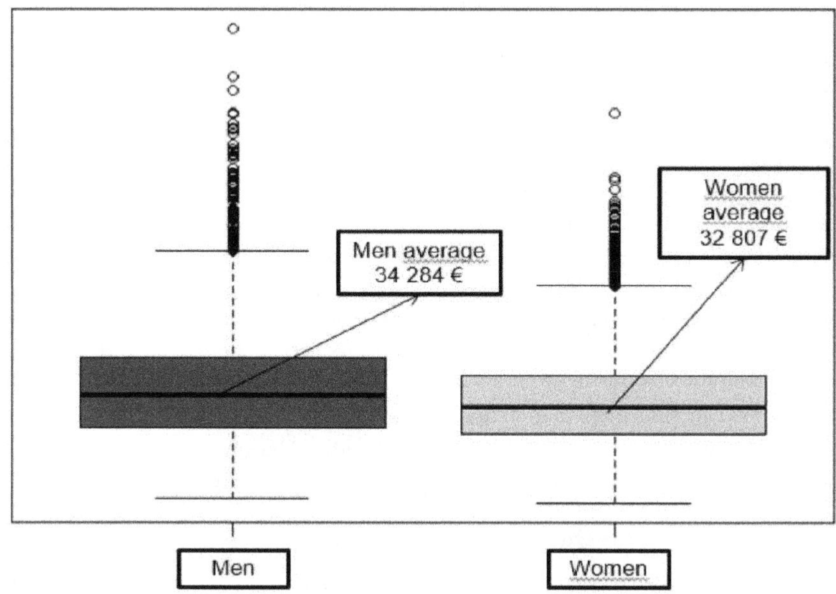

Fonte: R saída;

Os resultados foram obtidos para um teste de 100 amostras individuais

No capítulo de resultados do estudo, as variáveis discriminantes são mostradas juntamente com os pesos medidos da discriminação.

CAPÍTULO 5

5. CONCLUSÕES E DISCUSSÕES DE DADOS QUALITATIVOS

5.1. ANÁLISE GERAL

O principal objectivo deste capítulo é interpretar os resultados numéricos dos tópicos das disparidades salariais entre géneros para a base de dados analisada. Encontrando a correlação entre as disparidades salariais entre os sexos e a análise da mão-de-obra de auditoria, podem ser feitas recomendações úteis para aumentar o desempenho da empresa/organização.

Os resultados de vários cenários do algoritmo de discriminação das disparidades salariais entre géneros são analisados e interpretados a cada nível de gestão. Os resultados são obtidos utilizando o software R Studio. Vários gráficos do software do Estúdio R são apresentados nas secções seguintes deste capítulo.

5.1.1. Recolha de Dados Qualitativos e Amostra

Como indicado na introdução, a base de dados original é composta por 3617 empregados. São apresentados cenários de caso para a filial da empresa. O conjunto de dados apresenta uma amostra da empresa em 2014.

Era importante dividir o conjunto de dados em várias subamostras por nível de gestão. Ao fazer isto, podem ser feitas comparações salariais de empregados dentro de cada faixa salarial específica.

As diferentes categorias de nível de gestão são as seguintes:

- Nível de gestão de topo
- Nível de gestão
- Funcionários qualificados
- Empregados não qualificados

Tal como apresentado acima no estudo, as variáveis que foram tidas em conta no estudo econométrico são apresentadas na lista seguinte:

- Ano de nascimento
- Antiguidade
- Diversidade
- Recrutamento e promoções
- Attrition

- Nacionalidade
- Formação

- Taxa de risco de retenção
- Dias de licença de maternidade
- Prontidão para mover-se
- Número de anos universitários
- Plano de sucessão
- Número de dias de folga para férias
- Mobilidade
- Localização do contrato de trabalho
- Tipo de contrato de trabalho
- Evolução do compromisso
- Número de dias de folga por doença
- Condutores de satisfação
- Demográficos
- Saúde e segurança
- Género
- Salário anual bruto
- Bónus anual
- Número de pessoas geridas por empregado

5.1.2. Análise Qualitativa de Dados

Cada uma das variáveis foi submetida a uma análise detalhada. Foi também executado um painel de testes de dados.

Testes de verificação cruzada:

- testes correlacionados de valores asseguram a integridade dos dados:
    - exemplo de teste de controlo cruzado não válido: o ano de nascimento é 1990 e o indivíduo tem 4 anos de estudos superiores e foi contratado em 2008 (supondo que o indivíduo tem 18 anos de idade no início dos estudos superiores)

5.2. RESULTADOS E SÍNTESE GLOBAL DOS CASOS

5.2.1. Resultados de casos de funcionários de alta gerência

Para uma população de 112 empregados:

- 78 homens
- 34 mulheres

a diferença média é de 6 111 euros.

Figura 5.1: Salário médio anual por género (categoria de gestão de topo)

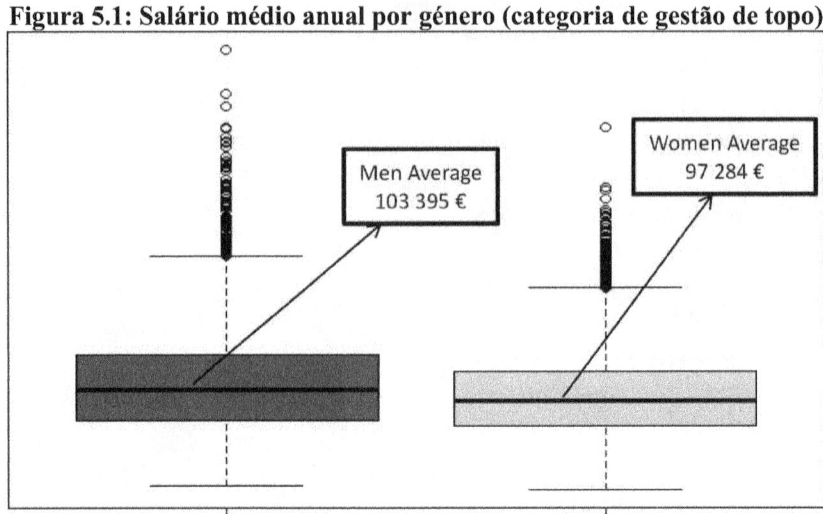

Fonte: R Saída

Após a execução do algoritmo do código do Blinder R Studio de Oaxaca, os resultados são:

- Um factor normal explica a diferença de 2997 euros (diferença média baseada nas características dos empregados, tais como os conjuntos de competências, que se espera que afectem a diferença salarial independentemente do sexo)
- Uma diferença não explicada ou uma diferença discriminatória de 3144 euros (diferença média baseada nas características do empregado que, idealmente, não deveria afectar a diferença salarial independentemente do sexo)

Após uma análise mais profunda da diferença, os resultados mostram um montante discriminante obtido para cada variável.

Quadro 5.1: Variáveis e montantes discriminantes (categoria de gestão de topo)

Discriminant variable	Discriminant amount
Number of people managed in the company (A)	-1277€
Number of university years (B)	-841€
Birth year (C)	-654€
Annual bonus (D)	-343€

Fonte: R Saída

Por exemplo, a variável "Número de pessoas geridas na empresa" é uma das variáveis discriminantes que representa uma diferença de 1277 euros em relação a toda a diferença de 3144 euros.

Figura 5.2: Variáveis e montantes discriminantes (categoria de gestão de topo)

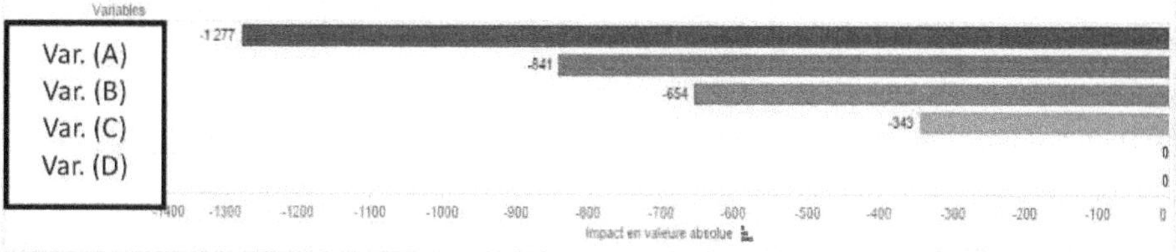

Fonte: Software Tableau

5.2.2. Resultados de casos de funcionários da gerência

Para uma população de 749 empregados:

- 512 homens
- 237 mulheres, a diferença média é de 3 323 euros.

Figura 5.3: Salário médio anual por género (categoria de gestão)

Men Average
57 365 €

Women Average
54 042 €

Fonte: R Saída

Após a execução do algoritmo do código do Blinder R Studio de Oaxaca, os resultados são:

- Um factor normal explica a diferença de 1812 euros (diferença média baseada nas características dos empregados, tais como os conjuntos de competências, que se espera que afectem a diferença salarial independentemente do sexo)

- Uma diferença não explicada ou uma diferença discriminatória de 1511 euros (diferença média baseada nas características do empregado que idealmente não deveria afectar a diferença salarial independentemente do sexo)

Após uma análise mais profunda da diferença, os resultados mostram um montante discriminante obtido para cada variável.

Tabela 5.2: Variáveis e montantes discriminantes (categoria de gestão)

Discriminant variable	Discriminant amount
Birth year (A)	-513.7€
Number of people managed in the company (B)	-438.2€
Number of university years (C)	-256.9€
Type of job contract (D)	-120.9€
Annual bonus (E)	-105.8€
Location of job contract (F)	-75.6€

Fonte: R Saída

Por exemplo, a variável "Ano de nascimento" é uma das variáveis discriminantes que representa uma diferença de 513,7 euros em relação a toda a diferença de 1511 euros.

Figura 5.4: Variáveis e montantes discriminantes (categoria de gestão)

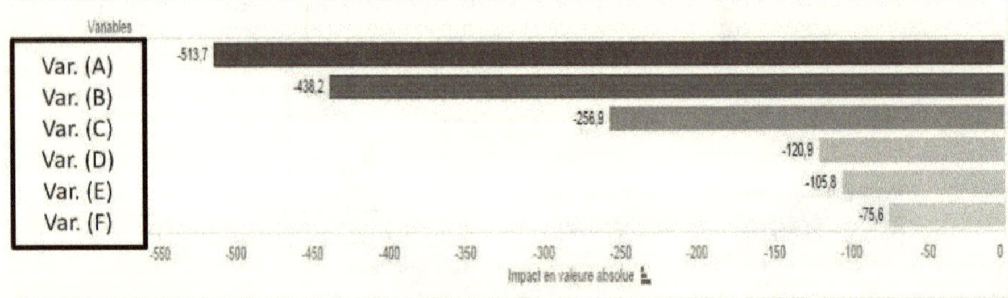

Fonte: Software Tableau

5.2.3. Resultados de casos de empregados qualificados

Para uma população de 452 empregados:

- 332 homens
- 220 mulheres

A diferença média é de 2 059 euros.

Figura 5.5: Salário médio anual por género (categoria de empregados qualificados)

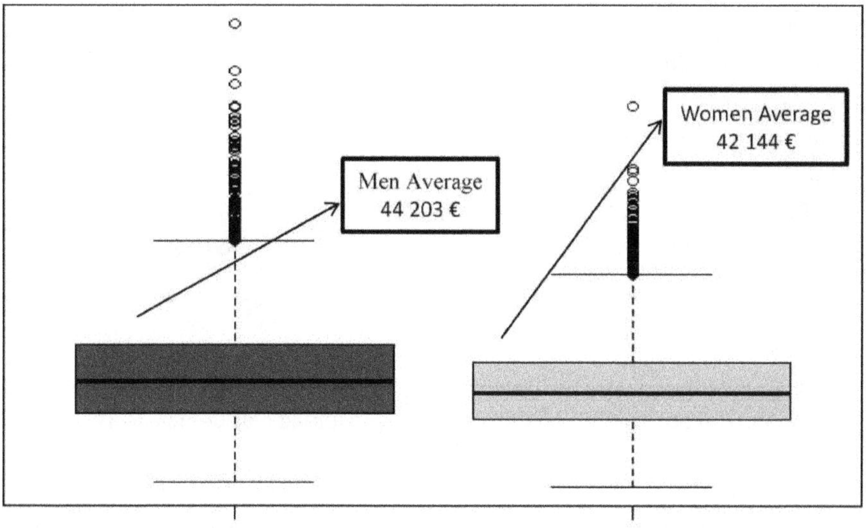

Men Average
44 203 €

Women Average
42 144 €

Fonte: R Saída

Após a execução do algoritmo do código do Blinder R Studio de Oaxaca, os resultados são:

- Um factor normal explica a diferença de 984 euros (diferença média baseada nas características dos empregados, tais como os conjuntos de competências, que se espera que afectem a diferença salarial independentemente do sexo)
- Uma diferença não explicada ou uma diferença discriminatória de 1075 euros (diferença média baseada nas características do empregado que idealmente não deveria afectar a diferença salarial independentemente do sexo)

Após uma análise mais profunda da diferença, os resultados mostram um montante discriminante obtido para cada variável.

Quadro 5.4: Variáveis e quantidades discriminantes (categoria de empregados qualificados)

Discriminant variable	Discriminant amount
Birth year (A)	-408.5€
Number of university years (B)	-301.0€
Annual bonus (A)	-139.8€
Number of people managed in the company (C)	-96.8€
Type of job contract (D)	-64.5€
Location of job contract (E)	-64.5€

Fonte: R Saída

Por exemplo, a variável "Ano de nascimento" é uma das variáveis discriminantes que representa uma diferença de 408,5 euros em relação a toda a diferença de 1075 euros.

Figura 5.6: Variáveis e quantidades discriminantes (categoria de empregados qualificados)

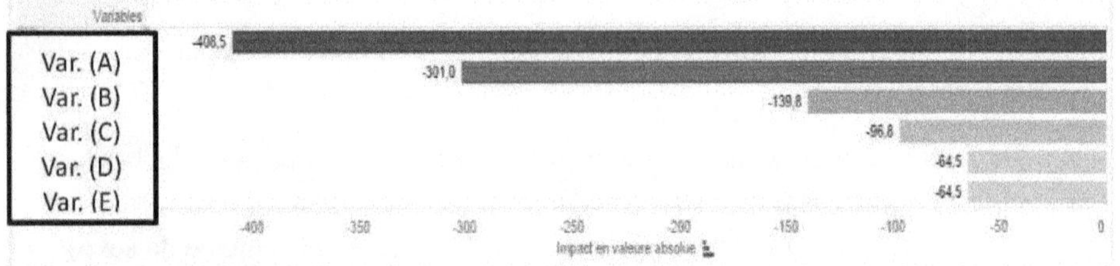

Fonte: Software Tableau

5.2.4. Resultados de casos de empregados não qualificados

Para uma população de 2304 empregados:

- 1532 homens
- 772 mulheres

A diferença média é de 851 euros.

Figura 5.7: Salário médio anual por género (categoria de trabalhadores não qualificados)

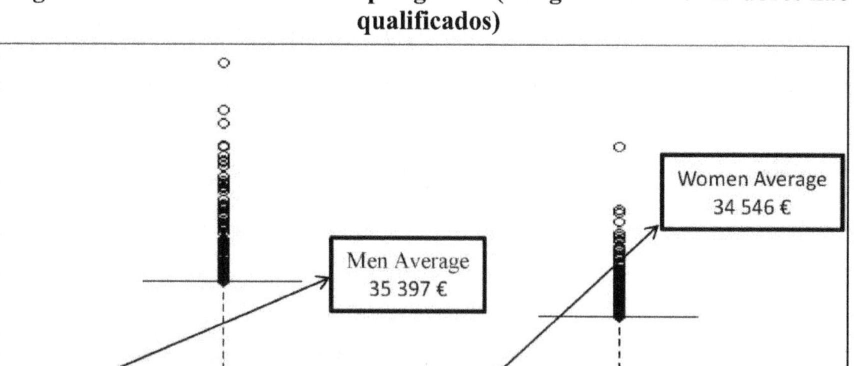

Fonte: R Saída

Após a execução do algoritmo do código do Blinder R Studio de Oaxaca, os resultados são:

- Um factor normal explica a diferença de 452 euros (diferença média baseada nas características dos empregados, tais como os conjuntos de competências, que se espera que afectem a diferença salarial independentemente do sexo)
- Uma diferença não explicada ou uma diferença discriminatória de 399 euros (diferença média baseada nas características do empregado que, idealmente, não deveria afectar a diferença salarial independentemente do sexo)

Após uma análise mais profunda da diferença, os resultados mostram um montante discriminante obtido para cada variável.

Quadro 5.4: Variáveis e montantes discriminantes (categoria de empregados não qualificados)

Discriminant variable	Discriminant amount
Birth year (A)	-135.7€
Number of university years (B)	-87.8€
Number of people managed in the company (C)	-71.8€
Type of job contract (D)	-55.9€
Annual bonus (E)	-47.9€

Fonte: R Saída

Por exemplo, a variável "Ano de nascimento" é uma das variáveis discriminantes que representa uma diferença de 135,7 euros em relação a toda a diferença de 399 euros.

Figura 5.8: Variáveis e quantidades discriminantes (categoria de empregados não qualificados)

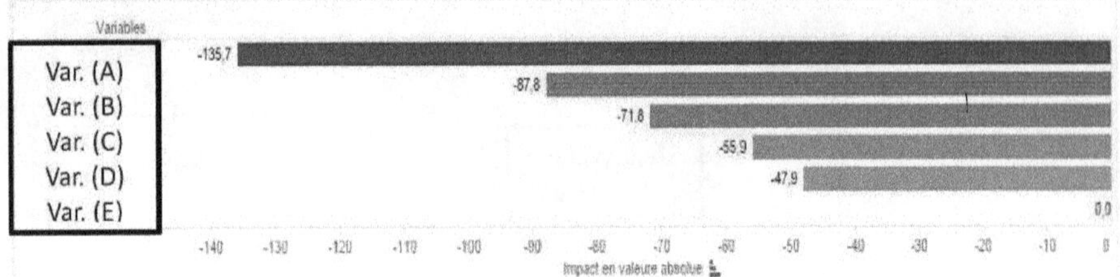

Fonte: Software Tableau

CAPÍTULO 6

6. IMPLICAÇÕES E CONCLUSÕES

6.1. ANÁLISE GERAL

Este capítulo apresentará as implicações de gestão e as recomendações concluídas a partir das conclusões. Esta secção apresenta também as limitações do estudo, as conclusões finais e as possibilidades de investigação futura.

Com base nos resultados detalhados utilizando o método Oaxaca-Blinder explicado neste estudo, melhorias nas seguintes áreas de negócio podem aumentar o desempenho global de uma empresa ou organização:

- equilíbrio da vida profissional
- liderança sénior
- número de mulheres gestoras
- idade média
- rotação voluntária
- número de horas gastas em formação

6.2. IMPLICAÇÕES DE GESTÃO

A análise final prova que o indicador de desempenho empresarial "Receitas" é em parte impulsionado pelos seguintes indicadores-chave de RH KPIs: equilíbrio da vida profissional, liderança sénior, e o número de gestores do sexo feminino.

Recomendações finais com base nos resultados:

- Aumentar o equilíbrio da vida profissional em +1pts melhora o rendimento em 6,3 k
- Aumentar a liderança sénior em +1pts melhora o desempenho das receitas em 25,5 k
- Aumentar o número de mulheres gestoras em 1% melhora o desempenho das receitas em 5,5k

Em conclusão, se os KPIs do inquérito de envolvimento forem melhorados em 10 pts, e o número de mulheres gestoras for aumentado em 10%, o aumento total das receitas potenciais é de 373 k

O indicador de desempenho empresarial, "Receitas", é em parte impulsionado pelos seguintes indicadores-chave de RH KPI: salário anual médio, idade média, rotação voluntária e número de horas gastas em formação.

Recomendações finais com base nos resultados:

- Aumentar o salário médio anual em 1% melhora o desempenho das receitas em 1 k
- Aumentar a idade média em 1% melhora o desempenho das receitas em 13 k
- A redução do volume de negócios voluntário em 1% melhora o desempenho das receitas em 1 k
- Aumentar em 1% o número de horas gastas em formação melhora as receitas em 2 kWh.

Em conclusão, se cada um destes KPI de RH for melhorado em 10%, o aumento total das receitas potenciais seria de 170 kWh.

O indicador de desempenho empresarial, "Receitas", é em parte impulsionado pelos seguintes KPIs chave de RH: diferença salarial entre homens e mulheres, o número de mulheres gerentes, e a proporção de diferenças salariais de género no número de empregados.

Recomendações finais com base nos resultados:

- A redução da diferença salarial entre homens e mulheres em 1% melhora o desempenho dos rendimentos em 3,7 k
- Aumentar o número de gestoras em 1% melhora o desempenho das receitas em 5,5k
- A redução de 1% da diferença de proporção entre homens e mulheres no número de empregados melhora o desempenho das receitas em 1,0 k

Em conclusão, se cada um destes KPI de RH for melhorado em 10%, o aumento total das receitas potenciais seria de 102 k euros.

6.3. LIMITAÇÕES

Como referido na introdução, uma limitação fundamental neste estudo é o facto de os empregados não permanecerem necessariamente empregados durante todo o tempo em que a empresa leva para adaptar os seus processos empresariais. A taxa de rotatividade dos empregados pode afectar a relevância da estratégia escolhida da empresa.

De um ponto de vista prático, a rotação humana e a adaptação subjacente ao estudo do género Oaxaca-Blinder pode ser ajustada até 2,5 vezes mais rapidamente do que a optimização de um processo empresarial global que leva cerca de 9 meses, o que é um ciclo de rotação médio de optimização de um processo empresarial.

6.4. FUTURAS ORIENTAÇÕES E CONCLUSÕES FINAIS DA INVESTIGAÇÃO

Hoje em dia, a modelação de processos empresariais é uma actividade importante e valiosa que tem impacto no desempenho de uma empresa. Tal como demonstrado neste estudo, é obrigatório decompor as actividades empresariais a fim de compreender e organizar melhor os dados num ambiente empresarial em rápida mudança. Para pesquisar mais, os dados dos empregados devem ser submetidos a uma análise de aprendizagem por máquina que irá decompor ainda mais cada um dos subprocessos. De uma forma quantitativa, os dados dos empregados podem ser analisados e podem ser identificadas formas inovadoras de promover a eficiência dos empregados. A aprendizagem automática pode também fornecer uma nova forma de correlacionar a força de trabalho e o fosso salarial com indicadores de auto-motivação de cada empregado. Possíveis pesquisas adicionais podem concentrar-se numa correlação mais detalhada entre a decomposição salarial e a satisfação profissional.

Uma das principais conclusões que o estudo de investigação destaca é o papel substancial que a gestão de dados desempenha na definição da estratégia da empresa para se adaptar continuamente às mudanças do ambiente empresarial. Os dados digitais e os grandes dados de hoje tornaram-se uma necessidade necessária para que os processos empresariais retirem o máximo de know-how das experiências passadas e optimizem as futuras.

O estudo também demonstra, de um ponto de vista numérico e utilizando vários estudos de caso, como o fosso salarial entre géneros influencia directamente a rotatividade das empresas. Ao analisar diferentes níveis de gestão, os resultados obtidos revelam as variáveis discriminantes que afectam as disparidades salariais entre homens e mulheres. Os departamentos de Recursos Humanos devem considerar estas variáveis quando propõem planos de redução das disparidades salariais entre homens e mulheres.

O estudo, centrado em torno do trabalhador individual correlacionado com uma mão-de-obra de auditoria detalhada e optimização de processos empresariais, introduz uma perspectiva original à investigação de modelação de processos empresariais. Demonstra que a satisfação do trabalhador está directamente correlacionada com o desempenho global de uma empresa. A gestão de dados, análises e metodologias inovadoras são ferramentas essenciais que fornecem provas quantificáveis no estudo. Como conclusão geral, o equilíbrio das disparidades salariais entre homens e mulheres e a satisfação individual são factores importantes para aumentar o desempenho das organizações.

Apêndices

A1: Oaxaca Blinder resultados brutos, fonte R Saída

```
Blinder-Oaxaca decomposition

Call:
oaxaca.default(m1 = Mh, m2 = Mf)

Difference StdErr z-value Pr(>|z|)
Mean 0.218615 0.021187 10.31828 0

Linear decomposition:

Weight: W = 0 (Blinder, 1973)
 Difference StdErr z-value Pr(>|z|)
Explained 0.114189 0.015266 7.480135 0
Unexplained 0.104427 0.013072 7.988531 0

> # Analyse des differences par variables
> round(res$Qs,2) # Differences expliquees
W = 0 (Blinder, 1973)
(Intercept) 0.00
TypeSiteSi_ge social -0.03
Nationalite 0.00
ContratTravail                          -0.01
CategorieSocioProfessionnelle                 -0.07
Encadrement                             -0.01
NbEncadrements                            0.00
ExperienceProEmbouche                          0.00
NiveauEtude                             0.00
TempsTravail                            0.00
NbJoursConges                             0.00
NbJoursMaladie2013                          0.00
NbJoursMaternite                          0.00
> round(res$Us,2) # Differences non expliquees
                      W = 0 (Blinder, 1973)
(Intercept)                            0.49
TypeSiteSi_ge social                       -0.03
Nationalite                            -0.06
ContratTravail                          -0.10
CategorieSocioProfessionnelle                 -0.23
Encadrement                             -0.04
```

NbEncadrements	0.00
TempsTravail	0.00
ExperienceProEmbouche	-0.05
NiveauEtude	-0.04
NbJoursConges	0.00
NbJoursMaladie2013	0.00
NbJoursAutresAbsences2013	0.00
NbJoursMaternite	-0.04

A2: Exemplo de amostra da base de dados privada analisada

Id	Birth Date	Nationality	2014 Wage	Birth year of the first born child
3	1976	1	19776	2007
4	1983	1	18060	2009
17	1981	1	21034	2010
18	1978	1	50492	2008
22	1982	1	18180	2011
24	1979	1	19776	2007
25	1977	1	31226	2008
30	1961	1	21924	1981
37	1973	1	22740	1998
41	1976	1	22581	1994
42	1982	1	22740	2008
44	1956	1	25896	1987
48	1975	1	40807	2003

A3: R Código de estúdio utilizado para obter os resultados das disparidades salariais entre géneros e as recomendações finais

```
library(MASS)
oaxaca <- function(m1, m2) UseMethod("oaxaca")
oaxaca.default <- function(m1, m2) {
VarNames = colnames(model.matrix(m1))
# Accuire the full model matrices
X1 <- model.matrix(m1)
  X2 <- model.matrix(m2)
# Accuire the parameters
B1 <- as.matrix(coef(m1))
  B2 <- as.matrix(coef(m2))
B1[is.na(B1)] <- 0
  B2[is.na(B2)] <- 0
  # Variance-covariance matrice of the parameters
  VB1 <- vcov(m1)
  VB2 <- vcov(m2)
  # Check for model mismatch
  allvars <- union(rownames(B1), rownames(B2))
  if (length(rownames(B1)) != length(allvars) ||
      length(rownames(B2)) != length(allvars) ||
      any(rownames(B1) != allvars) || any(rownames(B2) != allvars)) {
    warning("Model mismatch!")
    X1 <- expandMatrix(X1, allvars)
    X2 <- expandMatrix(X2, allvars)
```

```
  B1 <- expandMatrix(B1, allvars, TRUE)
  B2 <- expandMatrix(B2, allvars, TRUE)
  VB1 <- expandMatrix(VB1, allvars)
  VB2 <- expandMatrix(VB2, allvars)
  VB1 <- expandMatrix(VB1, allvars, TRUE)
  VB2 <- expandMatrix(VB2, allvars, TRUE)
 }
 k <- NROW(B1)
 # Create the variance-covariance matrix of mean explanatory variables
 VX1 <- cov(X1) / nrow(X1)
 VX2 <- cov(X2) / nrow(X2)
 # Create model weights:
 W <- list("W = 1 (Oaxaca, 1973)" = diag(1, k),
        "W = 0 (Blinder, 1973)" = diag(0, k),
        "W = 0.5 (Reimers 1983)" = diag(0.5, k),
        "W = Omega (Neumark 1988)" = ginv(crossprod(X1) + crossprod(X2)) %*%
crossprod(X1))
 # The estimate relies on mean values
 X1 <- as.matrix(colMeans(X1, na.rm = TRUE))
 X2 <- as.matrix(colMeans(X2, na.rm = TRUE))
 # Mean difference
 ans <- list(R = mean(model.response(m1$model)) -
mean(model.response(m2$model)),
         VR = crossprod(X1, VB1) %*% X1 + crossprod(B1, VX1) %*% B1 +
sum(diag(VX1 %*% VB1)) +
         crossprod(X2, VB2) %*% X2 + crossprod(B2, VX2) %*% B2 +
sum(diag(VX2 %*% VB2)))
```

```
# The Blinder-Oaxaca variance decomposition

Qs <- sapply(W, function(w) (X1 - X2) * (w %*% B1 + (diag(1, k) - w) %*% B2))

row.names(Qs) = VarNames

Q <- colSums(Qs)

Us <- sapply(W, function(w) (X1 * ((diag(1, k) - w) %*% (B1 - B2)) + X2 * (w
%*% (B1 - B2))))

row.names(Us) = VarNames

U <- colSums(Us)

VQ <- sapply(W, function(w)

  sum(diag((VX1 + VX2) %*% (w %*% tcrossprod(VB1, w) + (diag(1, k) - w)
%*% tcrossprod(VB2, diag(1, k) - w)))) +

    crossprod(X1 - X2, w %*% tcrossprod(VB1, w) + (diag(1, k) - w) %*%
tcrossprod(VB2, diag(1, k) - w)) %*% (X1 - X2) +

    crossprod(w %*% B1 + (diag(1, k) - w) %*% B2, VX1 + VX2) %*% (w %*%
B1 + (diag(1, k) - w) %*% B2))

VU <- sapply(W, function(w)

  sum(diag((crossprod(diag(1, k) - w, VX1) %*% (diag(1, k) - w) + crossprod(w,
VX2) %*% w) %*% (VB1 + VB2))) +

    crossprod(crossprod(diag(1, k) - w, X1) + crossprod(w, X2), VB1 + VB2) %*%
(crossprod(diag(1, k) - w, X1) + crossprod(w, X2)) +

    crossprod(B1 - B2, crossprod(diag(1, k) - w, VX1) %*% (diag(1, k) - w) +
crossprod(w, VX2) %*% w) %*% (B1 - B2))

# Prep resulting list

ans$Q <- Q

ans$Qs <- Qs

ans$U <- U

ans$Us <- Us

ans$VQ <- VQ
```

```
  ans$VU <- VU
  ans$W <- W
ans$call <- match.call()
  class(ans) <- "oaxaca"
ans
}

print.oaxaca <- function(x) {
  se <- sqrt(x$VQ)
  zval <- x$Q / se
  decomp <- cbind(Explained = x$Q, StdErr = se, "z-value" = zval, "Pr(>|z|)" = 
2*pnorm(-abs(zval)))
  cat("\nBlinder-Oaxaca decomposition\n\nCall:\n")
print(x$call)
  decomp <- matrix(nrow = 1, ncol = 4)
  decomp[1, c(1, 2)] <- c(x$R, sqrt(x$VR))
  decomp[1, 3] <- c(decomp[, 1] / decomp[, 2])
  decomp[1, 4] <- c(2 * pnorm(-abs(decomp[, 3])))
  colnames(decomp) <- c("Difference", "StdErr", "z-value", "Pr(>|z|)")
  rownames(decomp) <- "Mean"
  cat("\n")
  print(zapsmall(decomp))
  cat("\nLinear decomposition:\n")
  for (i in 1:4) {
   cat(paste("\nWeight: ", names(x$W[i]), "\n"))
```

```
  decomp <- cbind(Difference = c(x$Q[i], x$U[i]), StdErr = c(sqrt(x$VQ[i]),
sqrt(x$VU[i])))
  decomp <- cbind(decomp, "z-value" = decomp[, 1] / decomp[, 2])
  decomp <- cbind(decomp, "Pr(>|z|)" = 2 * pnorm(-abs(decomp[, 3])))
  rownames(decomp) <- c("Explained", "Unexplained")
  print(zapsmall(decomp))
 }
 cat("\n")
}
expandMatrix <- function(x, index, transpose = FALSE) {
 if (transpose)
  x <- t(x)
 tmp <- matrix(0, nrow = nrow(x), ncol = length(index))
 colnames(tmp) <- index
 rownames(tmp) <- rownames(x)
 tmp[, colnames(x)] <- x
 if (transpose)
  tmp <- t(tmp)
 tmp
}

oaxacaOmega <- function(m1, m2, insert = TRUE, FE = FALSE)
UseMethod("oaxacaOmega")

oaxacaOmega.default <- function(m1, m2, insert = TRUE, FE = FALSE) {
X1 <- model.matrix(m1)
```

```
 X2 <- model.matrix(m2)
# Accuire the parameters
 B1 <- as.matrix(coef(m1))
 B2 <- as.matrix(coef(m2))
B1[is.na(B1)] <- 0
 B2[is.na(B2)] <- 0
 # Check if we are using FE model
 if (FE)
 {
  B1[1,1] <- m1$intercept
  B2[1,1] <- m2$intercept
 }
 # Check for model mismatch
 # if ((NROW(B1) != NROW(B2)) || (rownames(B1) != rownames(B2))) {
 if (insert)
 {
  allvars <- union(rownames(B1), rownames(B2))
  # warning("Model mismatch!")
  X1 <- expandMatrix(X1, allvars)
  X2 <- expandMatrix(X2, allvars)
  B1 <- expandMatrix(B1, allvars, TRUE)
  B2 <- expandMatrix(B2, allvars, TRUE)
  # }
 } else {
  allvars <- intersect(rownames(B1), rownames(B2))
```

```
  X1 <- X1[,allvars]
  X2 <- X2[,allvars]
  B1 <- B1[allvars,]
  B2 <- B2[allvars,]
 }
 # The Neumark Omega
 Omega <- solve(crossprod(X1) + crossprod(X2)) %*% crossprod(X1)
 b <- Omega %*% B1 + (diag(1, NROW(B1)) - Omega) %*% B2
 # The estimate relies on mean values
 X1 <- as.matrix(colMeans(X1, na.rm = TRUE))
 X2 <- as.matrix(colMeans(X2, na.rm = TRUE))
 # The Neumark decomposition:
 dw <- list(Explained = crossprod(X1 - X2, b),
         Unexplained = crossprod(X1, B1 - b) + crossprod(X2, b - B2))
 class(dw) <- "oaxacaOmega"
 dw
}

print.oaxacaOmega <- function(x) {
 cat("\nOaxaca linear decomposition (Neumark, 1988):\n")
 cat(paste("Explained = ", x$Explained, ",\tUnexplained = ", x$Unexplained, "\n\n",
sep = ""))
}
```

CPSIA information can be obtained
at www.ICGtesting.com
Printed in the USA
LVHW041048031222
734485LV00004B/203